Alexandra Nima

ZARA - eine Fallstudie

GRIN Verlag

Bibliografische Information der Deutschen Nationalbibliothek:

Die Deutsche Bibliothek verzeichnet diese Publikation in der Deutschen National-
bibliografie; detaillierte bibliografische Daten sind im Internet über http://dnb.d-
nb.de/ abrufbar.

Impressum:

Copyright © 2007 GRIN Verlag, Open Publishing GmbH
Druck und Bindung: Books on Demand GmbH, Norderstedt Germany
ISBN: 978-3-640-84245-2

Dieses Buch bei GRIN:

http://www.grin.com/de/e-book/166973/zara-eine-fallstudie

GRIN - Your knowledge has value

Der GRIN Verlag publiziert seit 1998 wissenschaftliche Arbeiten von Studenten, Hochschullehrern und anderen Akademikern als eBook und gedrucktes Buch. Die Verlagswebsite www.grin.com ist die ideale Plattform zur Veröffentlichung von Hausarbeiten, Abschlussarbeiten, wissenschaftlichen Aufsätzen, Dissertationen und Fachbüchern.

Besuchen Sie uns im Internet:

http://www.grin.com/

http://www.facebook.com/grincom

http://www.twitter.com/grin_com

Fallstudie ZARA

In der (jungen) Modebranche können kurze Lieferzeiten und ein häufig wechselndes Angebot lebensnotwendig für das Ansehen und den Erfolg eines Labels sein (wie schnell kann ich etwas liefern? Wie schnell kann ich nachliefern?). In einem solchen Fall spielt (vor allem) die effiziente Handhabung der Logistik (wieder unter Berücksichtigung der EDV und der Mitarbeiter) eine Rolle. Für unser Fallbeispiel haben wir eine Firma gewählt, die sich nach der Krise in der Modebranche Ende der 80er/90er Jahre in punkto Reorganisation der Unternehmensprozesse- im speziellen der Produktion und Logistik- besonders hervorgetan hat.

1. Grundsätzliches zum Unternehmen

ZARA ist eine Tochterfirma des spanischen Textilkonzerns Inditex, der seit Mitte der 60er Jahre als Konglomerat verschiedenster Modefirmen besteht und heute insgesamt 8 Sublabels umfasst. Ende der 80er Jahre entschlossen sich viele Unternehmen im Rahmen des enorm gestiegenen Wettbewerbsdrucks dazu, ihre Produktion ins Ausland zu verlegen- Hintergedanke: Kostenersparnisse in der Produktion. Letztendlich zeigte sich, dass die damit erwartete Ersparnis bei den Faktorkosten nicht gegeben war bzw. nicht endlos machbar war. ZARA hatte zwar anfangs die Strukturen und Produktionsweise des Mutterkonzerns übernommen, erkannte aber schnell, dass diese Taktik für ein Unternehmen der „fast fashion"-Branche (d.h. modische, oft wechselnde Ware) nicht unbedingt die passende sein musste.

Zudem fand das Unternehmen im eigenen Land die ideale Ausgangssituation vor: eine hohe, ländliche Arbeitslosigkeit aufgrund des Niedergangs der alten, hochspezialisierten Modeateliers, sowie in gewissen Regionen eine starke Bereitschaft zu investieren. ZARAs Designs kamen gut an, aber wie sollte man gleichzeitig kreativ, reaktionsschnell und billig sein? Die Lösung lag im Aufbau einer effizienten, vertikalen Unternehmensstruktur. Man produzierte lokal (wobei der Großteil der Produktion outgesourced wurde, was Kapitalbindung und Personalkosten senkte), investierte in und schuf ein großflächiges, effizientes EDV-System, das alle relevanten Teilbereiche (Design, Produktion, Distribution, etc.) miteinander vernetzte, verwaltete die großen Logistikzentren selbst (diese arbeiten fast vollautomatisiert), der Transport selbst wurde jedoch an externe Logistikunternehmen outgesourced.

ZARA ist heute ein vertikal integriertes Unternehmen, dass die meisten seiner Funktionen in-house erledigt: vom Weben und Färben 40% seiner Stoffe, Design, Schnitt, Logistik und Retailing seiner Filialen. Den tatsächlichen Transport der Waren sowie das Zusammennähen der Teile wird durch Subkontraktoren erledigt- mehr als die Hälfte der Wertschöpfung aber wird in Spanien selbst hergestellt- ein seltener Fall in der Bekleidungsindustrie. [1] GAP und H&M hingegen, die 2 stärksten Mitbewerber, haben keine in-house und wenig landesinterne Produktion. Durch ihre starke Position in der regionale Industrie besitzt ZARA mittlerweile auch dementsprechende politische Verhandlungsmacht: Infrastruktur, Flugverkehr und Transport werden an den Bedürfnissen des Konzerns ausgerichtet- was zusätzlich zur Kostensenkung des Unternehmens beiträgt.[2]

Das Unternehmen selbst führt seinen Erfolg auf folgende Faktoren, wie sie in nachstehender Abbildung veranschaulicht werden, zurück:

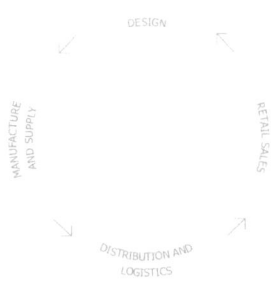

Abbildung 1: Businessmodell ZARA
Quelle: Dossier ZARA 2006, S. 3

---

[1] Berger (2006), S. 169
[2] Weiguny (2007), S. 30

Wie man an diesem Modell sieht, zeichnet sich ZARAs Wertschöpfungskette durch ein effizientes Ineinandergreifen von (vor allem) vier Faktoren aus:

* ❖ Retail Sales
* ❖ Design
* ❖ Manufacture and Supply
* ❖ Distribution and Logistics

Dies kann so nur funktionieren, wenn sämtliche internen und externen Prozesse optimal ineinander greifen. Wie dies genau aussieht, demonstrieren folgende Ausführungen.

2. Das ZARA Businessmodell

2.1. Retail Sales:

Kern des Konzeptes ist der Verkaufsraum- zugleich Verkaufsort und Lieferant für Daten zu Kundenwünschen. Die Werbung selbst bei ZARA besteht maßgeblich aus derVerkaufsraumgestaltung (interior) und der Schaufensterwerbung (exterior)- Anzeigen schaltet man keine, auch nicht bei Neueröffnungen. Der POS (point of sale) ist zugleich End- als auch Anfangspunkt für den Verkauf: hier werden Informationen über Kundenwünsche gesammelt und den Designern weitergeleitet.[3] Während andere Bekleidungsunternehmen 3,5 % ihrer Umsätze zu Werbezwecken verwenden, fließen bei Inditex in diesen Bereich lediglich 0,3 % der Umsätze ein. Wie erwähnt, hält ZARA, soweit möglich, an der Kontrolle über ihre Läden fest, nur in kleineren oder kulturell unterschiedlichen Märkten bedient man sich des Franchise-Prinzips. Dabei ist derselbe holistische Ansatz spürbar, der ZARA auch sonst auszeichnet: von Produkten, Human Resources, Training, Präsentation, Logistiksystem und Interior Design wird am Originalkonzept festgehalten.[4] Auf diese Weise erreicht Inditex ein weitgehend zentrales Management und ein globales Image bei internationalen Kunden.

---

[3] Dossier ZARA (2006), S.5
[4] Dossier ZARA (2006), S. 4

2.2. Design

Die von den Stores gesammelten Daten werden (neben den bereits feststehenden internationalen Trends) an die entsprechenden Design-Units in der Zentrale weitergeleitet, wo sie verarbeitet und upgedatet werden. ZARAs Supply Chain ist radikal optimiert und ein gutes BP für den Begriff „fast fashion", die eine starke Kundenorientierung aufweist und das Unternehmen in die Lage versetzt, innerhalb von etwa 15 Tagen neue Bekleidung zu designen, zu produzieren und in die Stores weltweit auszuliefern. Solch eine Geschwindigkeit hat Benchmark-Charakter in einer Branche, in der Designer oft Monate für die Planung ihrer Kollektionen aufwenden. Dabei geht das Unternehmen davon aus, dass es eine länderübergreifende und von der jeweiligen Landeskultur unabhängige, fashion-orientierte Zielgruppe für ZARA Produkte gibt- auf die man so auch optimal reagieren kann, sollten sich Änderungen ergeben. Folgende Abbildung zeigt dies nochmals im Vergleich zu Standardprozess in der Bekleidungsbranche:

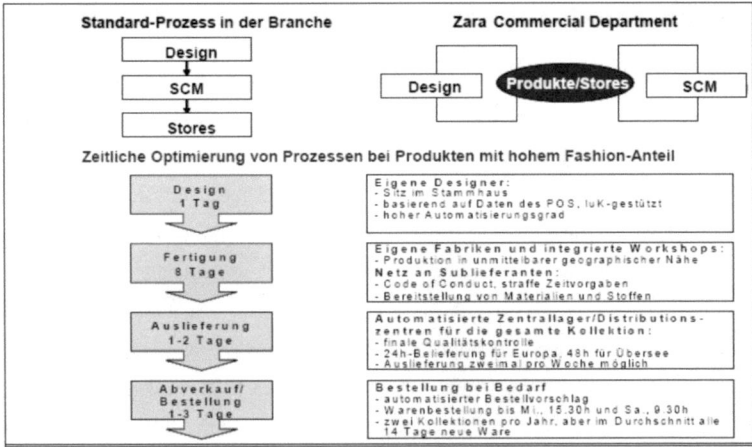

Abbildung 2: Fast-Fashion: Benchmark-Vergleich

Quelle: Universität Trier 2006, S.15

Man sieht also, dass durch eine effizientes Ineinandergreifen der verschiedenen Akteure (Design, Stores, SCM) im Designprozess ein enormer Zeitvorteil erreicht wird- durch die elektronische Rückmeldung über den Verkaufserfolg in den Filialen kann das Designteam schnellstmöglich reagieren. Aufgrund dieser optimalen Erfüllung und Abstimmung auf die

Kundenwünsche werden in etwa 80 bis 85 % der vollen Verkaufspreise eingenommen (der Durchschnitt der Branche liegt bei etwa 60 bis 70 %, also weitaus geringer). Das schnelle Aufspüren neuer Designtrends und -entwicklungen, deren Verarbeitung und Vermarktung in Kollektionen sowie die Reaktion auf die eigenen Abverkaufsdaten und Kundenwünsche in der laufenden Kollektion bilden einen innovativen „Pull-Push-Pull-Prozess". [5]ZARA wendet also sowohl ein „forecasting" hinsichtlich der Trends als auch eine reaktive Politik des „postponement" im Designprozess und der anschließenden Produktion an. Dies führt dazu, dass Produktionsentscheidungen so lange wie möglich aufgeschoben werden, um den Kundengeschmack möglichst genau zu treffen und ZARA sechs Monate vor einer Saison nur 15 bis 25 % der Produktion festlegt, während es im Branchenschnitt 45 bis 60 % sind.

Insgesamt werden über 30.000 Modelle jedes Jahr vom Kreativteam entworfen. Dafür arbeiten über 300 Designer bei Inditex, davon 200 für ZARA, an der Entwicklung der Modelle, die Anhand der von den POS erhaltenen Daten gefertigt werden. ZARA wendet ihre Schnelligkeit und Reaktionsfähigkeit wie auch in der Produktion beim Design an: treten Änderungen in Kündenwünschen auf, kann man in jedem Fall nachproduzieren.[6] ZARA ist Spezialist im E-Business und in der CAD. Entworfen wird am Screen, die Entwürfe online an Zulieferer gesendet, wo sie ausgedruckt und genäht werden[7].

2.3. Produktion

Wie erwähnt, beauftragt ZARA zumeist ihre eigenen und andere spanische und europäische Firmen mit der Herstellung der für die Produktion benötigten Stoffe sowie dem Schnitt und Nähen der Kleidungsstücke.

Ihre Produktionskosten sind dabei rund 15 % höher als für ähnliche Produkte von Benetton oder GAP. Herstellungskosten sind für Inditex also nicht der ausschlaggebende Faktor, um wettbewerbsfähig zu sein. Der Produktionsprozess in den Fabriken ist hochtechnisiert und hochoptimiert.

---

[5] Universität Trier (2006), S.13
[6] Dossier ZARA (2006), S.4
[7] Weiguny (2007), S. 31

Abbildung 3: Eine Fabrik des Inditex-Konzerns in La Coruna
Quelle: Geschäftsbericht Inditex 2006, S. 250

Durch ein effizientes just-in-time-Wirtschaften entfallen zusätzliche Lagerkosten und die Abhängigkeit von Produzenten.

Bei ZARA beginnt man erst in großen Mengen zu produzieren, nachdem sich das Produkt als gut verkäuflich erwiesen hat- d.h. es werden zunächst relativ kleinen Stückzahlen gefertigt, um die Nachfragestruktur einschätzen zu können und um Exklusivität zu kreieren. Dadurch erregt die Produkt-Knappheit bei den Kunden Aufmerksamkeit und stimuliert unmittelbar die Kaufentscheidungen. [8] Produktmanagement und Einkauf haben über das elektronische System des Konzerns genauen Einblick über die Lieferströme, ihre Verkäufe und den Verbleib der Ware. Kein Modell bleibt mehr als vier Wochen im Laden- egal, ob nachgefragt oder nicht. So stellt ZARA sicher, dass sie das Image des topaktuellen Modekonzerns im Auge des Kunden weiter zementiert.

2.4. Logistik

Die gesamte Produktion wird unabhängig vom Herkunftsland zunächst an die zentralen Logistikzentren der einzelnen Handelsketten geliefert, in denen die Produkte auf einzuhaltende Qualitätsstandards hin überprüft werden.[9]

---

[8] Universität Trier (2006), S.15

[9] Dossier ZARA (2006), S.4

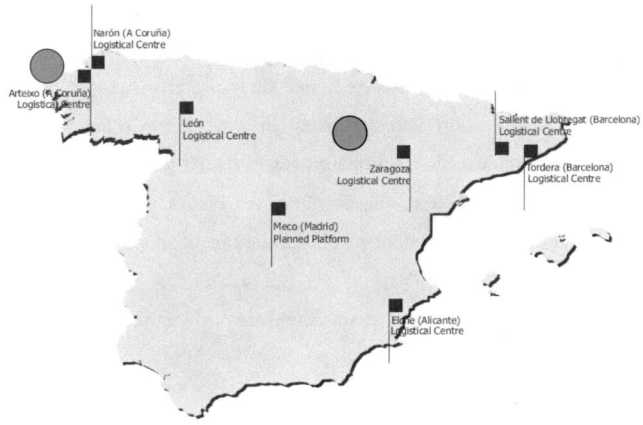

Abbildung 4: *Firmeneigene Logistikzentren der Gruppe ZARA in Spanien(rot markiert)*
Quelle: *Dossier ZARA 2006*, S.5

Anschließend wird von dort aus in kurzen, regelmäßigen Abständen gleichzeitig an alle Filialen geliefert. 250.000 Kleidungsstücke verlassen jeden Tag die beiden Logistikzentren von ZARA in La Coruña und Saragossa. Allein das Hauptzentrum in Arteixo gewährleistet eine nahezu vollautomatische Verteilung der Textilien auf die verschiedenen ZARA-Läden. Es hat eine Fläche von etwa 500.000 m² und beinhaltet ein fast 90 km langes Schienenlabyrinth, das die Produkte computergesteuert zu den LKWs bringt, die sich innerhalb von 24 Stunden auf ganz Europa verteilen. Die übrigen Standorte, vor allem jene in Übersee, können per Luftfracht innerhalb von zwei bis drei Tagen beliefert werden. So ist gewährleistet, dass jeder ZARA-Laden zweimal pro Woche neue Produkte erhalten kann.

Dabei werden grundsätzlich mit jeder Sendung neue Modelle geliefert, um eine kontinuierliche Erneuerung des Angebots in den Filialen zu gewährleisten. ZARA führt die Logistikzentren zwar selbst, den Transport allerdings erledigen externe Transportunternehmen. Bei nicht berücksichtigten Trends bzw. einer Änderung der Kundenbedürfnisse kann rasch reagiert werden und man produziert eventuell nach. Das Ausfallsrisiko wie die großen Modehäuser mit ihren zwei Kollektionen pro Jahr, die dann im worst case floppen haben sie nicht (siehe oben). Die unterschiedlichen Nachfragen werden elektronisch festgehalten- so kann Ware, die in einem Land nicht nachgefragt wird, in eine anderes geliefert werden, wo sie zuvor vergriffen war. Ein Beispiel sei genannt: Als Madonna letzten Sommer durch Spanien tourte, konnten die Fans am Ende der Tour bereits anziehen, was sie beim ersten Konzert getragen hatte- ein Musterbeispiel für just-in-time production und effiziente Logistik.[10] Die Konkurrenz hält da nicht mit- u.a. weil sie großteils in Asien produziert und der Transport von dort nach Europa alleine schon Wochen benötigt- der Transport von Nordspanien nach Europa hingegen dauert gerade einmal 24 Stunden. ZARA lässt zwar auch aus Asien liefern, allerdings nur bei Basics, deren Nachfrage ohnehin relativ stabil ist- und bei denen man dementsprechend auch nicht so extrem schnell nachproduzieren muss. Die Vertikalisierung in Verbindung mit effizienter Logistik ermöglichen es also, schnell auf die Marktnachfrage zu reagieren und sowohl just-in-time zu produzieren als auch auszuliefern.[11]

3. Fazit

Als Resultat einer radikalen Optimierung und Restrukturierung sämtlicher Teilaspekte ihrer Wertschöpfungskette hat ZARA – wie hervorgehoben – erreicht, dass ein Kleidungsstück die gesamte Prozesskette vom Design über die Produktion, Auslieferung sowie Verfügbarkeit in einem weltweiten Netz in Mindestzeit durchläuft. Auf diese Weise braucht ZARA anstatt der in der Modebranche üblichen Wochen nur 24 Stunden zur Auslieferung der Produkte, insgesamt durchläuft eine Textilie von der Produktion bis in den Shop in etwa 2 Wochen. Wie dies im Vergleich zu anderen Unternehmen derselben Branche aussehen kann, zeigt folgende Abbildung:

Abbildung 5: Vergleich der Geschäftsprozesse von nicht-vertikalen und vertikalen Playern

Quelle: KPMG Unternehmensberatung 2007, S. 6

---

[10] Weiguny (2007), S.27
[11] Weiguny (2007), S.25

Im Bereich Logistik sieht man hier vor allem, wie die Teilbereiche Beschleunigung von Auftragseingangsfunktion, Outsourcing der Logistik und Verkürzung der Durchlaufzeiten optimiert wurden- aber nicht nur diese. Wie die Räder eines Zahnrades greifen globale Produktion, lokales Design, zentral gesteuerte Logistik und ein globales Informationssystem ineinander- insgesamt verbindet ZARAs Supply-Chain-Strategie, um es nochmals zusammenzufassen, die beiden Faktoren „agility" und „leanness" miteinander.

„leanness"wird dabei im Sinne von „lean manufacturing" verstanden- ein Ansatz, der üblicherweise am besten bei der Produktion hoher Stückzahlen und wenig Variabilität in einem eher stabilen Umfeld eingesetzt wird- kombiniert mit dem Faktor „agility" geht ZARA darüber hinaus[12]. Dieser zeichnet sich durch Marktsensitivität, Virtualität, Prozessintegration und Netzwerkstrukturen aus. Die Hauptkonzentration des Betriebes liegt also in allen drei Subbereichen Logistik, Design und Produktion auf Hightech und Kreativität[13]- dies macht sich auch nach außen hin in der schnellen Reaktion auf Trends bemerkbar.

Internetquellen:

❖ KPMG Unternehmensberatung (o.A.). 2007. Vertikalisierung im Handel. Auswirkungen auf die zukünftige Absatzwegestruktur. Link: http://www.kpmg.de/library/pdf/020727_ Vertikalisierung_im_Handel_de.pdf, letzter Zugriff am: 18.04.2008

❖ Universität Trier (o.A.). 2006. Vorlesung BWL II: Leistungsprozesse. Link: http://www.marketing.uni-trier.de/3_download/Readings_VL_BWLII_Kapitel%20A+B.pdf. letzter Zugriff am: 18.04.2008

❖ Weiguny, Bettina 2007. Gewinner aus Galizien. IP (Internationale Politik) 06/2007. (pdf-version), letzter Zugriff am: 18.04.2008

Quellen von ZARA:

❖ Dossier ZARA, 2006, Link: http://www.inditex.com/en/press/information/press_kit, letzter Zugriff am 26.11.07

❖ Geschäftsbericht Inditex, 2006, Link: http://www.inditex.com/en/press/information/ corporate_reports, letzter Zugriff am 29.11.07

---

[12] Universität Trier (2006), S. 16
[13] Weiguny (2007), S. 32